Lotte Tobisch

Gedankenspiele über den

Mut

Literaturverlag Droschl

*Zu Mut gehört natürlich
eine gewisse Portion an Fantasie*

Zu Mut gehört natürlich eine gewisse Portion an Fantasie. Mut ohne Fantasie, das ist Übermut und Dummheit – beides! Ein wirklich mutiger Mensch, der überlegt sich etwas und sagt, auch wenn die Welt dagegen ist: »Das mach ich jetzt, weil ich es für richtig finde und weil ich glaube, dass es auch sozial sinnvoll ist.« Dieser Mensch hat den Mut, gegen eine Welt loszugehen. Ja, das ist Mut!

Mut erfordert also eine gewisse Entschlusskraft und auch eine gewisse Vorstellungskraft. Doch man muss sehr aufpassen, Mut kann nämlich auch ein Begleiter unglaublicher Blödheit sein.

*Ich war ein mutiges Kind,
aber ich hatte auch viel Glück*

Mein Mut resultierte, aus der feinen Gesellschaft kommend, aus tausend Gründen, und alle hießen: Ich bin dagegen. Ich war gegen alles. Und dann kamen die Nazis, und meine Mutter war in zweiter Ehe mit einem Juden verheiratet. Der war eigentlich der Einzige, der für mich Verständnis hatte, ein reizender Mann. Der wäre genau der Vater gewesen, den ich gebraucht hätte. Meine Mutter hat das Intellektuelle ja nicht interessiert. Mit meinen Interessen und meinem Aufbegehren war ich als Kind allein gelassen. Für meine Mutter war es nicht leicht, dass aus ihrem kleinen Lotterl, ihrem Engerl, ein Teuferl geworden ist. Sie ist mit mir nicht fertig geworden. Und das während der Nazizeit. Drum habe ich immer gesagt, ich war nicht schwer erziehbar, sondern unerziehbar. Ich habe dann meinen Mut zusammengenommen und bin ausgebrochen, allerdings muss ich sagen: Ich habe in meinem Leben unendlich viel Glück gehabt. Es hätte oft genug vieles ganz schief ausgehen können.

Falscher Mut

Ich wollte immer eigenständig sein, meinen Willen haben. Unbequem, das war ich. Und sicher nicht nur dieses eine Mal habe ich etwas Dummes gemacht – aus Übermut, aus Ehrgeiz. Meine Leidenschaft fürs Theater hat mich für ein Vorsprechen in eine schlechte Umgebung geführt. Um ein Theaterstipendium bei der Reichstheaterkammer habe ich mich beworben und bin damals unbemerkt von Wien nach Berlin gereist. Meine Mutter war zu dem Zeitpunkt nicht zu Hause, sondern bei Freunden in Bayern. Gründgens, George, Krauß – solche Kapazunder galt es von meinem Talent zu überzeugen. Als meine Mutter das herausgefunden hat, da hat es ein ordentliches Theater gegeben, sie war dermaßen wütend. Warum ich damals nicht nachgedacht habe und einfach nach Berlin gereist bin, ich weiß es nicht. Da hat mich mein falscher Mut verführt, und ich kann von Glück sagen, dass ich dort nicht gelandet bin. Als junger Mensch ist es nicht immer einfach, zu erkennen, wie alles zusammenhängt. Mutig sein kann auch bedeuten, Verlockungen zu widerstehen.

*Man soll mutig,
aber nicht übermütig sein*

Ich war, wie damals alle, eingezogen in einer Munitionsfabrik, und es wurde schon alles vorbereitet. Wann der letzte Transport ging, das wusste man. Als er dann kam, sagte ich: »Nein!« Mir war alles lieb, nur nicht bei der Familie sein. Ich bin ganz allein in Wien geblieben, in unserem alten Haus. Dort war auch die Hausmeisterin, die ein bisschen Russisch sprach, und die ersten zwei, drei Tage war es wirklich nett. Aber dann kam die Soldateska, und ich bin auf und davon. Das war riskant.

Ich bin weg von dort, als das Vergewaltigen begonnen hat. In dem Moment, als die Russen in die Weinkeller gekommen sind, war es aus. Ich bin einfach davongelaufen, innerhalb der Stadt, aber wie ich das geschafft habe, ist mir immer noch ein Rätsel. Da wurde ja noch geschossen. Ich bin dann zum Aslan gelaufen, der war damals ein großer Schauspieler, bei dem ich auch Stunden hatte. Der hatte die Wohnung voll mit Leuten und hat gesagt, unten bei der Stiege ist die Heilsarmee. Die ersten zwei Nächte habe ich am Boden auf einem Teppich verbracht, dann war ich drei, vier Tage in einem Studentenheim. Das war in den ersten Apriltagen. Ab dem 10., 12., vielleicht 14. April war Ruhe. Die Schießerei war aus und Wien war besetzt. Dann bin ich wieder nach Hause und dort war niemand außer der Hausmeisterin.

Die Russen haben den Aslan zu sich bestellt und gesagt, am 30. April öffnet das Burgtheater, woraufhin er sagte, dass das Burgtheater hin ist, zerbombt. Worauf die meinten: »Das ist wurscht. Dann wird es wird halt woanders spielen. Es wird eröffnet.« Es war keine sehr gute Idee, den Russen zu sagen, dass es auf keinen Fall geht, also hat man nachgedacht und ist auf die Idee gekommen, dass es da das Ronacher gibt. Das war eine schmale Bühne mit einer kleinen Versenkung für den Zauberer. Und am 30. hat das Burgtheater tatsächlich aufgemacht. Es waren kaum Leute da, und sie haben *Sappho* von Grillparzer gespielt. Weil ich kein Geld hatte, habe ich dort Blumen gestreut. Der Aslan hat gesagt: »Du streust Blumen und kriegst dafür zwei Mark.« Und das hab ich mit großer Freude gemacht. So fing meine Burgtheaterkarriere an. Aber wenn Sie mich fragen, wie das möglich war: Ich weiß es nicht! Ich hatte unverschämtes Glück, es hätte ganz anders ausgehen können. Andere haben Furchtbares mitgemacht.

Man soll mutig sein, aber man soll nicht übermütig sein, und nicht mutig sein, nur um etwas zu demonstrieren.

*Auch Wohlstand macht
die Menschen nicht besser*

Ein, zwei Wochen nach dem Krieg, unmittelbar nachdem die Russen kamen, gab es nichts. Die Tramway ist überhaupt nicht gegangen, und wenn, dann alle drei Stunden. Das waren die Wochen, in denen jeder jedem geholfen hat, aber bloß ein, zwei Wochen lang. Wirklich jeder hat geholfen. Wenn man gesehen hat, dass einer friert, hat man ihm einen Schal gegeben. Da hatte man einfach das Bedürfnis, das zu tun. Aber dann begann langsam der Schleich, und man konnte bei der Sache etwas herausholen, und es hat sich wieder etwas geändert.

Aber so ist er halt, der Mensch. Der Marx hat's gesagt: »Alle Revolutionen haben bisher nur eines bewiesen, nämlich, dass sich vieles ändern lässt, bloß nicht die Menschen.« Er hat's wissen müssen. Der Mensch ist so, das kann man nicht ändern. Auch Wohlstand macht die Menschen nicht besser.

*Man hat mir oft vorgeworfen,
ich sei eine Selbstmörderin*

Man hat mir oft vorgeworfen, ich sei eine Selbstmörderin. Also mein Abgang vom Burgtheater, da haben die Leute gesagt: »Bist du verrückt?« Wenn man 20 Jahre alt ist und sich in einen Mann verliebt, der 37 Jahre älter ist und verrückt genug, wie soll denn das ausgehen? Dreißig Jahre später kam der liebe Gott, so es ihn gibt, und hat ihn unter schrecklichen Umständen ein Jahr lang sterben lassen. Ich habe ihn wirklich geliebt und er mich. Ich bin damals zusammengebrochen.

Das ist das, was ich meine: »Bedenke das Ende!« Das habe ich damals nicht gemacht. Drum warne ich davor, mich bloß nicht als Beispiel zu nehmen, denken Sie früher nach als ich! Es hat nicht jeder das Glück, dass irgendetwas kommt, was die Geschichte noch gut ausgehen lässt.

*Das Miteinander
und das Nebeneinander*

Die anderen sind mir nur insofern wichtig, als ich sie nicht verletzen möchte. Das tu ich nicht gern. Das ist das, was ich heute auch in der Politik so schrecklich finde. In dem letzten Jahr der Koalition zwischen Schwarz und Rot hatte ich immer das Gefühl, dass jeder der beiden nur darauf wartet, dass der andere ausrutscht. Man muss ja nicht miteinander, aber man kann ja, vor allem wenn man so unterschiedliche Ideologien hat, nebeneinander, und dann und wann berührt man sich und geht miteinander und dann wieder nebeneinander. Man muss nicht immer auf Konfrontation gehen, da gibt's den alten Spruch: »Sich kränken macht krank.« Man kann ja auch jemandem sagen, dass er ein Trottel ist, ohne dass man ihm mit dem nackten Arsch ins Gesicht fährt.

Mut in der Politik

Politiker brauchen mehr Mut! Die Parteipolitik, wie sie jetzt stattfindet, ist unappetitlich. Wissen Sie, ich bin ja Österreicherin und ein bisschen Freundschaft muss immer sein – es hat schon immer Bierdeckelfreundschaften gegeben –, aber man muss wissen, wo die Grenze ist und wann die Korruption anfängt.

Die Leute, die eine gewisse Verantwortung übertragen bekommen, bei Wahlen oder wo immer, die sollen ein bisschen mehr Mut aufbringen, also Dinge beim Namen nennen und nicht nur drüber nachdenken. Wir leben ja doch in einer Demokratie, und obwohl man, wenn man den Mund aufmacht, schnell Ärger hat mit irgendeinem Amt, hat man nur diesen Ärger, aber mehr ist es auch nicht.

Mutige Menschen

Ich erinnere mich gut: Im Jahr 38, da war ich 12 Jahre alt, der Riesenskandal mit dem Innitzer, wo der Kanzler gesagt hat: »Wir kennen nur einen Führer und das ist Gott!« Daraufhin war dann dieser Riesenaufstand, bei dem die SA ihn niedergeprügelt und ihn fast aus dem Fenster geschmissen hat. Man kann heute noch das Bild sehen, das sie zerstochen haben.

Also der hatte damals Mut. Und so etwas geht heutzutage allzu vielen Leuten ab, wobei gerade das doch nötig wär.

Angst ist kein guter Ratgeber

Wenn man halbwegs intelligent ist, kann man aus schlechten Erfahrungen etwas lernen – wenn Sie so wollen: erlernbarer Mut. Wenn man nicht a priori ein mutiger Mensch ist, ist es wahrscheinlich schwer, einer zu werden, weil man einfach Angst hat. Aber Angst ist kein guter Ratgeber, weder bei sich selbst noch im Gesellschaftsleben.

Ich sehe mit Schrecken diese ganze Islam-Ängstlichkeit. Aber warum gibt es die überhaupt? Diejenigen, die die Angst schüren, siegen leider immer mehr. Die Angst ist bei den Menschen angekommen und viel zu viele fürchten sich. Statt offen und mutig zu sein, ist die Gesellschaft heute viel ängstlicher als vor Jahrzehnten. Das muss sich wieder ändern, und zwar unbedingt.

Mutig gegen die Mordshetz

Also wurscht ist es dem, den es trifft, nicht, aber das Geschäft mit der Angst ist ein ganz großes für alle. Für die Zeitungen, für die Medien, auch für den Privatbürger, der twittert und andere Leute in Angst und Schrecken versetzt.»Wenn mir fad ist am Sonntagnachmittag, twitter ich Fake-News über schreckliche Dinge, und dann regen sich ein paar Leute schrecklich auf, das ist ja ein wunderbares Gefühl.« So ist es doch heutzutage. Dazu kann ich nur meinen alten Freund Friedrich Heer zitieren: »Es gibt auch die uneigennützige Gemeinheit.« Das ist es nämlich: Man hat gar nichts davon, aber es ist eine Mordshetz, dass der andere sich aufregt.

Das ist übrigens eine Eigenschaft, die in Wien immer sehr beliebt war, das haben die Wiener immer gekonnt. Das ist einfach gemein. Damit erzeugt man Angst und Schrecken und damit geht der Mut natürlich verloren. Die Angst ist ein schlechter Berater und hindert mutige Menschen, Mut zu zeigen.

Bitte nachdenken!

Ich sage es nicht gern, denn dieser Mann ist mir zuwider, aber: Donald Trump hat Mut. Er twittert munter in der Welt herum, macht Verträge und am nächsten Tag sind sie obsolet, dann ist nichts, als wäre es je gewesen. Viele Leute sagen dann: »Der hat den Mut! Der sagt jetzt, wie es ist. Den wählen wir! Der ist großartig!« Also kann Mut auch in die komplett verkehrte Richtung gehen, wenn man den Leuten das Denken abgewöhnt, in dem man ihnen auf einem Knopf die Frage lässt und auf einem anderen die Antwort gibt und das, was dazwischen ist, auslässt. Dazu passt das Kant-Zitat: »Habe den Mut dich deines eigenen Verstandes zu bedienen.« Ich sage immer: Bitte nachdenken! Nicht so bequem machen.

»Nein, so nicht!«

Es gibt schon Leute, die aufstehen und sagen: »Nein, so nicht!« Und das sind nicht nur die Leute, die etwas zu sagen haben. Aber schauen wir einmal in die Politik. Bis zu einem gewissen Grad ist der Herr Karas ganz erstaunlich. Er ist nicht unbedingt meine Kragenweite, aber er mupft gegen gewisse Sachen auf. Er sagt auch in seiner eigenen Partei nicht zu allem auf jeden Fall »Ja«, sondern sagt: »Na, da bin ich dagegen.« Recht oder nicht, er hat zumindest eine Begründung und sagt: »Nein!« Das ist schon ein gewisser Mut innerhalb einer Partei. Die Roten gehen ja zu Grunde, weil sich keiner traut, den Mund aufzumachen. Die spielen immer noch dieselbe Platte wie vor 100 Jahren. Da ist keiner da, der sagt: »Kinder, Schluss, aus!« Natürlich gehört da ein gewisser Mut dazu. Und eine Zivilcourage, dass man sagt: »Mit mir nicht.«

*Man muss wissen,
wer man ist*

Beim Thema Mut muss ich immer an den alten Shakespeare denken: »Sei dir selber treu!« Man soll den Leuten nichts vormachen, was man nicht ist. Man soll zu sich und seinen Meinungen stehen. Ich bin ein großer Gegner aller Spindoktoren. Alle haben sie mittlerweile Spindoktoren. Niemand traut sich mehr, selbst zu denken.

Authentizität ist immer noch das – sogar wenn es unangenehm ist –, was die Leute am ehesten fressen. Es dauert oft ein bisschen, aber nach einer Weile sagen sie dann: »Was willst du machen, der ist halt so.«

Diese Erfahrung habe ich auch am eigenen Leibe gemacht. Ich hatte wirklich eine ganze Gesellschaft gegen mich. Ich lach mich heute tot, wenn sie sagen, dass ich das Beispiel für eine Lady bin. Ich hab das nämlich noch ganz anders in Erinnerung, damals vor 80 Jahren. Man muss wissen, wer man ist, und dabei bleiben. Es hat gar keinen Sinn, sich da zu verkleiden, mitzurennen und gefallen zu wollen. Was nicht heißt, dass man nicht dafür sorgen soll, dass man ein angenehmer Anblick ist.

Man soll schon ein bisschen überlegen, was man tut

Man soll schon ein bisschen überlegen, was man tut. Als Beispiel tauge ich nicht, weil ich habe in meiner Jugend nicht viel überlegt, ich habe es einfach gemacht und Glück gehabt. Man kann auch Widerstände aushalten, zum Beispiel eine soziale Ausgrenzung. Für mich hat es sich nämlich nie so angefühlt, ich bin mir nicht sozial ausgrenzt vorgekommen, das war mir wurscht. Ich habe das gehabt, was ich wollte. Ich habe jemanden gefunden, der mich nehmen konnte, wie ich bin, der gesagt hat: »Das sind ihre guten, ihre schlechten Eigenschaften. So ist sie.«

Mut ist notwendig für ein selbstbestimmtes Leben.

Das Leben ist ein bisschen wie ein geschliffener Brillant

Ich habe immer ein soziales Empfinden gehabt und mich nicht immer gefragt, »warum bin ich krank und der gesund«, sondern umgekehrt. Ich habe mir immer gesagt, was ich für ein Glück habe. Das Leben ist ein bisschen wie ein geschliffener Brillant: Wo immer das Licht hineinfällt, hat er eine andere Farbe. Es ist immer derselbe Stein, aber in immer einer anderen Perspektive. Durch den Schliff und durch das Licht verändert sich der Stein – und so ist das auch im Leben.

Ich will gar nicht verlangen, dass die Menschen weiß Gott wie mutig sind, sie sollen nicht so feig sein. Sagen wir's einmal so, sind wir bescheiden.

Der kleine Mut

Im Alter braucht man nicht mehr auf sich selbst Rücksicht zu nehmen. Ich habe es wenig getan, aber irgendwo gibt es einen Punkt, an dem man sagt: »Selbstmörder ist man ja nicht.« Das hat völlig aufgehört. Ich würde auch niemanden beschimpfen. Ich würde nichts anderes als höchstens gewisse Missstände beim Namen nennen. Denn warum soll ich's nicht sagen? Vielleicht ist das immerhin ein Mut im Kleinen, nicht?

Mut zur Verantwortung

Man muss den Mut haben, auch Verantwortung zu übernehmen. Das hat in den letzten Jahren leider ein Maß angenommen, das grausig ist. Ich sehe es ja bei meinem kleinen Verein in Baden: Es übernimmt keiner mehr die Verantwortung für etwas, weil wir so überfrachtet sind mit Vorschriften und so sekkiert werden von Ämtern, dass die Leute am Schluss sagen, dass sie sich das nicht antun wollen. Dann sage ich: »Entscheide doch, sag nein!« Aber es entscheidet keiner mehr. Jeder sagt: »Nix als Ärger.« Das ist ganz schlimm, es übernimmt keiner die Verantwortung. Daraus entstehen die dümmsten Dinge. Es wird alles immer zum Nächsten geschoben.

*Die Alternative zu Mut ist,
feig zu sein*

Die Menschen sind ein bisschen feig, oder wie man in Wien sagt: Sie wollen sich einweimperln. Sie sind feig, haben Angst vor Unannehmlichkeiten. Man muss ja nicht einen Löwenmut haben, aber man muss auch nicht Dingen zustimmen oder sie unterstützen, für die man absolut nicht ist, nur weil man dann keine Unannehmlichkeiten hat. Die Alternative zu Mut ist, feig zu sein. Es wäre empfehlenswert, wenigstens das nicht zu sein.

Inhalt

*Zu Mut gehört natürlich eine gewisse
Portion an Fantasie* 4

*Ich war ein mutiges Kind, aber ich hatte
auch viel Glück* 6

Falscher Mut 8

Man soll mutig, aber nicht übermütig sein 10

Auch Wohlstand macht die Menschen nicht besser ... 14

*Man hat mir oft vorgeworfen, ich sei
eine Selbstmörderin* 16

Das Miteinander und das Nebeneinander 18

Mut in der Politik 20

Mutige Menschen 22

Angst ist kein guter Ratgeber 24

Mutig gegen die Mordshetz 26

Bitte nachdenken! 28

»Nein, so nicht!« 30

Man muss wissen, wer man ist 32

*Man soll schon ein bisschen überlegen,
was man tut* 34

*Das Leben ist ein bisschen wie ein
geschliffener Brillant* 36

Der kleine Mut 38

Mut zur Verantwortung 40

Die Alternative zu Mut ist, feig zu sein 42

Lotte Tobisch, geboren 1926 in Wien, absolvierte eine Schauspielausbildung. Sie debütierte am Wiener Burgtheater, danach spielte sie am Volkstheater sowie am Theater in der Josefstadt, am Burgtheater war sie auch als künstlerischer Betriebsrat tätig. Von 1981 bis 1996 leitete sie den Wiener Opernball. Zuletzt engagierte sie sich verstärkt für soziale Projekte, z.B. *Künstler helfen Künstlern*. Sie starb 2019 im von ihr initiierten Künstlerheim in Baden bei Wien.

Veröffentlichungen: *Der private Briefwechsel* mit Theodor W. Adorno (2003), *Langweilig war mir nie* (2013), *Alter ist nichts für Phantasielose* (2016) und *Auf den Punkt gebracht* (2019).

© Literaturverlag Droschl Graz – Wien 2020

Grundlage für dieses Buch ist ein im Jänner 2019 aufgezeichnetes Gespräch mit Lotte Tobisch.

Umschlag: & Co www.und-co.at
Satz: AD

Druck: Styria Print

ISBN 978-3-99059-067-6

Literaturverlag Droschl Stenggstraße 33 A-8043 Graz
www.droschl.com